LE VRAI PÊCHEUR A LA LIGNE

PAR

CHARRIER (Louis)

TROYES
IMPRIMERIE ET LITHOGRAPHIE DE E. CAFFÉ
Rue du Temple, 27
1865

LE VRAI
PÊCHEUR
A LA LIGNE

PAR

CHARRIER (LOUIS)

TROYES
IMPRIMERIE ET LITHOGRAPHIE DE E. CAFFÉ
Rue du Temple, 27
1865

AVANT-PROPOS

La pêche à la ligne, pour beaucoup de personnes, est un passe-temps de flâneur et de désœuvré, il faut en convenir ; cependant, si l'expérience acquise par une longue pratique, peut rendre ce passe-temps plus agréable et moins monotone, il ne faut pas rejeter des conseils sans lesquels on se rebute bien vite, car dans cet art comme dans tout autre, le découragement ne tarde pas à arriver quand le succès ne répond pas à nos travaux et à nos fatigues. Il faut s'être déjà donné à la pêche pour comprendre ce qu'il y a de difficultés à vaincre, de ruses à imaginer, pour arriver à des résultats à peu près satisfaisants ; sans oublier que la patience est la première qualité du pêcheur.

Si ces quelques lignes, impropres du reste à prendre du poisson, peuvent être utiles aux personnes qui ont déjà du goût pour la pêche, j'aurai atteint mon but : c'est là ma seule ambition.

PÊCHE A LA LIGNE VOLANTE

Prenez une ligne de 5 à 6 mètres de longueur, formée de 6 crins de cheval au commencement, de 5 au milieu et de 4 à la fin, faites un double nœud après le crin marin et les 4 derniers crins, puis l'enture de votre hameçon (n° 10, 11 ou 12). A la baguette ou gaule, qui doit avoir environ 3 mètres de longueur, qui doit aussi être bien droite et de la plus grande légèreté, vous attachez votre ligne à une distance convenable, de façon à n'être gêné en rien pour la manœuvrer facilement.

Il est bon de s'exercer pendant quelque temps à bien lancer la ligne, car pour que le résultat soit bon, il faut que le coup soit donné mollement, sans raideur du bras. Pour ferrer, je ne saurais trop recommander la souplesse et l'agilité du poignet, et quand un poisson est assez gros pour ne pas être sorti au coup, il faut le fatiguer pendant un instant en le contrariant dans ses mouvements.

Ablette et Vandoise.

L'ablette est un assez joli poisson, très-bonne en friture, si elle sort d'un endroit où l'eau ne dort pas. Pour pêcher l'ablette, il faut avoir une ligne de 3, de 2 et même d'un seul crin de cheval, un hameçon n° 12 et 13 et une baguette très-flexible pour ne pas casser le crin. On se sert pour amorces : en hiver, d'un morceau de lard frais gros comme une lentille et que l'on pique de place en place afin de le faire tenir à l'hameçon ; on ferre légèrement aussitôt que l'appât est avalé. Au printemps, l'on se sert de traîne-bûches ou porte-faix, que l'on trouve sur le bord des rivières, on prend la tête et les pattes seulement, en ayant soin de laisser la pointe de l'hameçon bien découverte.

La vandoise se pêche de la même manière que l'ablette, avec les mêmes amorces ; les hameçons sont différents, ils doivent être du n° 10 ou 11.

Meunier ou Chevanne, Gardon, Rossat.

Le meunier ou chevanne est un poisson vorace, tout lui convient pour assouvir son appétit. On le prend avec des traine-bûches au printemps, des sauterelles en été, du drap noir ou des morceaux de chapeau à la chute des feuilles, des excréments humains et des cervelles d'animaux en hiver ; cette dernière pêche se fait à la plombée, j'en donnerai plus loin les détails. Les hameçons à employer sont ceux des nos 4, 9 et 10.

Le gardon mord aussi à la ligne volante au printemps et en été. On emploie les mêmes amorces et hameçons que pour l'ablette et la vandoise.

Le rossat se pêche comme le gardon.

Truite.

La truite se pêche aussi à la volée. Les amorces qui lui conviennent le mieux sont les vérons ou graviers, les cousins, les papillons, etc. Il faut employer des hameçons n° 1 ou 0 à boucle.

Pour bien pêcher la truite, on doit prendre une ligne faite de 10, 11 et même 12 crins, longue de 5 à 6 mètres environ. Entre la ligne et le crin marin, vous fixez un émerillon solidement, vous ajoutez 10 à 15 grammes de plomb en deux morceaux de chaque côté de l'émerillon, c'est-à-dire après la ligne et le crin marin ; la baguette doit être solide et de 4 à 5 mètres.

La pêche de la truite demande le plus grand silence. Pour amorcer, vous prenez un véron ou gravier, vous lui faites entrer la pointe de votre hameçon dans la gueule en le faisant sortir par l'ouïe gauche, sans oublier de piquer la pointe sur le cou du véron ; vous jetez ensuite votre ligne dans le courant de la rivière à un mètre environ du bord, et après avoir laissé couler l'amorce entre deux eaux, vous la tirez en remontant, le poisson alors tournera avec rapidité. Si une truite se trouve dans cet endroit, elle viendra happer le véron, c'est dans ce moment que le vrai pêcheur doit conserver tout son sang froid : aussitôt que l'amorce est avalée, vous ferrez un coup soutenu en prenant la baguette avec les deux mains ; si la truite est forte, c'est-à-dire si elle pèse environ 1 ou 2 kilos, vous la fatiguez en la contrariant et en évitant surtout de la laisser partir au large ; au bout d'un instant elle finira par se rendre. Si, au contraire, la truite est trop grosse et qu'on ait lieu de craindre pour la ligne, il faut tirer hors de l'eau avec l'épuissette.

On pêche aussi ce poisson la nuit avec des lignes de fond amorcées avec des chabots, des queues d'écrevisses et des vérons morts ou vivants.

Brochet.

Le brochet est un poisson vorace et terrible pour tous les poissons en général, on le trouve dans les endroits paisibles où l'eau est presque dormante ; sa voracité est si grande qu'on le voit souvent faire la chasse à plus gros que lui ! Tout lui est bon pour assouvir son appétit, il mange les siens à défaut d'autres. On le pêche de la manière suivante : Prenez une ligne très-forte à laquelle on attache 20 à 25 grammes de plomb et un liège assez fort pour supporter le poids; un petit poisson vivant est très-bon pour amorcer à la condition qu'il soit piqué dans la gueule ou sur le dos, on place ensuite sa ligne dans l'endroit indiqué plus haut en tenant légèrement la baguette à la main ; de temps en temps on soulève la ligne pour aviver ou faire venir le brochet, on s'aperçoit alors qu'il a mordu quand la flotte se plonge dans l'eau, et, pour s'en assurer, on relève doucement la ligne afin de la tendre, alors on sent une secousse que le brochet lui imprime, puis on lâche pour recommencer un instant plus tard, et, quand on voit partir la ligne, il faut ferrer en enlevant quand même.

Il est bon d'avoir pour la pêche du brochet une baguette en frêne de 5 à 6 mètres, une ligne en soie et un hameçon n° 0 ou 1. Un temps lourd et orageux est favorable pour cette pêche.

PÊCHE A LA LIGNE DORMANTE

Brochet

Prenez une ficelle de 6 à 7 mètres environ, bien détordue à l'eau, un émaillet en fil de laiton, un hameçon n° 2 à boucle ; passez le bout de l'émaillet dans la gueule du poisson et faites-le sortir par l'ouïe, puis attachez votre ficelle solidement au rivage. Prenez ensuite une baguette de 2 mètres environ que vous fendez sur une longueur de 2 ou 3 centimètres, placez la ficelle à un mètre de l'amorce entre les deux bouts fendus en faisant une boucle et enfoncez la baguette dans le rivage. Le lendemain, vous avez un brochet !

Pour ce genre de pêche, qui ne convient qu'aux personnes possédant des viviers, des étangs ou des réservoirs, il faut prendre pour amorce un goujon ou un petit meunier, ce sont les deux poissons préférables.

Truite.

La truite peut se prendre à la ligne dormante tendue pour le brochet, il n'est pas inutile cependant d'indiquer des moyens plus sûrs.

Vous prenez la même ficelle et les mêmes hameçons que pour le brochet, laissant de côté l'émaillet, vous attachez à l'hameçon un bout de ficelle long de 60 centimètres environ, et, prenant pour amorce un chabot qui doit être maintenu comme pour le brochet, vous l'attachez après la ficelle qui devra se terminer par un bouchon de liège pour maintenir l'amorce en mouvement. Le tout, fixé à une pierre assez forte pour résister au courant, doit être lancé dans l'endroit de la rivière fréquenté par les truites, et le lendemain, le bouchon vous guidera pour lever votre ligne. La pierre doit se trouver à plus d'un mètre de l'amorce, et le bouchon entre la pierre et l'amorce.

Anguille.

L'anguille se pêche à la ligne dormante ou de nuit. On se sert d'hameçons nos 1 et 2, à boucle, que l'on attache à un bout de ficelle de 50 à 60 centimètres, et que l'on isole les uns des autres. On amorce ses hameçons avec des petites ablettes comme pour la truite. Les petites grenouilles, les chatouilles ou poissons qu'on trouve dans la vase, sont aussi excellentes pour ce genre de pêche, ainsi que les queues d'écrevisses, les limaces rouges, les chabots, les goujons, etc. Les hameçons doivent être amorcés de manière à laisser la pointe découverte, on les attache à 1 ou 2 mètres de distance sur un cordeau. On peut faucher les herbes dans l'endroit où l'on veut les placer, mais si c'est en travers du lit de la rivière, il faut choisir un endroit où il y ait beaucoup d'herbe ; si c'est dans le sens du courant, il est bon de mettre une pierre de place en place pour éviter que la corde se ramasse dans un seul endroit.

Pour lancer la ligne en travers, il est nécessaire de mettre une pierre assez forte au bout du cordeau, puis une seconde à l'extrémité qui sert de contre poids. La première étant lancée le plus loin possible, on tire le contre-poids pour faire tendre la corde. Le lendemain, on doit lever sa ligne avant le lever du soleil.

Certaines époques de l'année sont favorables pour cette pêche, par exemple, les mois d'avril, mai, juin et juillet ; la chute des feuilles, les temps orageux sont propices aussi pour les pêcheurs d'anguilles.

Lote.

La lote ou barbote se prend aussi à la ligne dormante, mais cette pêche demande moins de soins et de préparations que pour l'anguille, la raison en est dans la voracité de la lote qui s'accommode de tous les poissons pour sa nourriture. On emploie donc les mêmes engins et on amorce avec le premier poisson venu, on peut même le couper en deux et le piquer dans l'hameçon en laissant la pointe découverte On place les cordeaux dans les endroits où le courant est rapide ; deux ou trois à chaque ficelle suffisent. Il est à remarquer que ce poisson se prend toujours à l'hameçon qui est le plus rapproché de la pierre.

Les mois de décembre, janvier et février sont favorables pour cette pêche, ainsi que les jours de grand vent.

Barbeau ou Barbillon.

Le barbeau est facile à prendre par un temps sombre, si l'on veut employer les moyens que je vais indiquer. Prenez des vers de fumier de porc, faites-les jeûner pendant 24 ou 48 heures dans de la mousse de terre ; amorcez votre hameçon n° 3 ou 4 avec 3 ou 4 petits vers, et jetez votre ligne dans les endroits profonds et sableux. Il ne faut pas oublier un morceau de plomb façonné en cube, percé au milieu et pesant environ 50 à 80 grammes ; ce plomb doit être placé à 25 ou 30 centimètres de l'hameçon, de manière à ne pas descendre plus bas, et votre ligne doit être passée dans le milieu du plomb de manière à pouvoir glisser facilement comme dans une coulisse. Tenez la ligne bien tendue par le moyen de la baguette, et tirez quand une ou deux secousses se font sentir, une belle capture vous dédommagera souvent de la patience que vous avez eue. On pêche ce poisson matin et soir pendant les mois de juin, juillet, août, septembre et octobre. Les queues d'écrevisses et les chatouilles sont de très-bonnes amorces, les traîne-bûches et le fromage de gruyère ne sont pas non plus à dédaigner.

Perche.

Il n'y a pas de pêche moins sûre et plus capricieuse que celle de la perche. Vous resterez des heures entières sans rien prendre, même par un temps favorable, et, au moment de partir, vous serez tout étonné de prendre plusieurs de ces poissons en quelques minutes. Voici, je crois, la cause de cette bizarrerie. La perche va par bandes ; que l'une d'elles se cache, toutes l'imitent, si elle se remet en marche les autres la suivent : c'est l'histoire des moutons de Panurge.

Il existe un moyen infaillible d'attirer ce poisson à l'amorce : on frappe l'eau un instant avec le petit bout de la baguette, puis on soulève l'amorce ; il n'est pas rare de voir une perche au bout de sa ligne.

On se sert, pour amorcer, de vers, de traîne-bûches, de vérons et d'autres petits poissons.

Un temps couvert et un grand vent sont favorables pour cette pêche, qui peut se faire à toute heure du jour et pendant toute l'année, excepté pendant le moment du frai, c'est-à-dire en février et en mars. On se sert d'hameçons n°s 5 et 6.

Carpe.

La carpe est un poisson aux habitudes très-douces, surtout si on la compare au brochet; on la trouve dans les rivières, vivant au milieu des gardons qui sont ses petits de première année (au dire des naturalistes).

Voici la manière de la pêcher :

On prend une ligne en soie, munie d'un bouchon ou indicateur, un hameçon n° 4 ou 5, et peu de plomb; on jette quelques morceaux de pain mâché dans l'endroit où l'on veut s'arrêter. On amorce avec du pain ordinaire ou du pain de chènevis dont les morceaux doivent être liés en croix avec un fil très-fin. Votre ligne étant posée, l'amorce doit se trouver à ras du fond de la rivière. Quand la carpe vient mordre, il faut la laisser partir afin de lui donner le temps d'avaller l'amorce, puis ferrer un coup soutenu et la ramener autant que possible à soi ; il est bon de la laisser se promener pendant un certain temps, qui varie suivant sa grosseur; quand elle revient sur l'eau, il ne faut pas s'y tromper, elle va repartir à l'instant ; enfin, de guerre lasse, elle finit par se rendre. Evitez alors de tirer la ligne à la main ou d'enlever la carpe avec la ligne, dix fois sur vingt elle vous échapperait, il faut l'approcher du bord et la prendre à la main avec une épuissette.

On peut se servir pour amorcer de vers de terre ou de fumier, de traîne-bûche ou de fèves et de blé cuit. On pêche la carpe du mois mars au mois de novembre, le matin et le soir.

Tanche.

La tanche se trouve dans les endroits vaseux, c'est un poisson de fond qu'on ne voit jamais à la surface de l'eau. On se sert de la même ligne que pour la perche et la carpe, et d'hameçons n°s 7 ou 8. Pour réussir à prendre des tanches, il ne faut pas oublier, la veille du jour où l'on veut pêcher, de venir amorcer les endroits convenables avec des boulettes composées de vers de terre coupés en morceaux et de terre glaise; il faut se trouver au bord de la rivière deux heures au moins avant le lever du soleil, et mettre à l'hameçon un vers auquel on aura coupé la queue, afin de le faire remuer le plus possible. Dans ces conditions là on ne tardera pas à être attaqué, il faut alors laisser filer et agir exactement comme pour pêcher la carpe.

La tanche se pêche de mars à septembre, dans les temps pluvieux toute la journée, et par un temps clair avant et après le coucher du soleil.

Pour beaucoup de personnes, la pêche n'est agréable qu'autant que le poisson mord souvent, peu importe sa grosseur ou sa qualité. En suivant mes conseils, des pêcheurs peu expérimentés pourront facilement, et en très-peu de temps, prendre une belle friture.

Servez-vous d'une ligne fine en 3 ou 4 crins, terminée par un seul où se trouve votre hameçon n° 13, mettez un grain de plomb de chasse n° 6 à 20 centimètres de l'hameçon et pêchez avec des traine-bûche, au printemps, dans les endroits où il y a des herbes; il suffit d'une pincée de pain de chènevis pour attirer des gardons. La plume ou indicateur doit être placée de manière que l'amorce se trouve à 30 centimètres environ du fond de la rivière; de temps en temps on soulève la ligne tout doucement et on la laisse descendre de même; au bout de cinq minutes on change de place si le poisson n'est pas arrivé.

En été, on se sert de blé cuit ou de boulettes de pain tendre; l'hameçon doit être à quelques centimèt. du fond seulement. En automne, il faut employer du pain de chènevis lié en croix ou des petits vers rouges. En hiver, du pain tendre, de la croûte liée en croix et de la grosseur d'une lentille ou du pain de chènevis; il faut éviter de faire le moindre bruit avec les pieds, ou la pêche serait nulle.

PÊCHE D'HIVER

Meunier.

La pêche que je vais essayer de décrire est la plus fructueuse qui soit connue jusqu'à ce jour. Peu de personnes, cependant, en feront l'essai, car il faut avoir le courage de braver la rigueur de l'hiver, et c'est par les plus grandes gelées et les temps de neige qu'il faut quitter son foyer pour aller grelotter au bord d'une rivière.

Servez-vous d'une baguette de 4 à 5 mèt., une ligne de 10 ou 12 crins à laquelle vous adaptez 8 ou 10 grammes de plomb et un bouchon avec une plume qui doit vous servir d'indicateur. Après avoir sondé la profondeur de la place où vous voulez pêcher, à l'aide d'un morceau de plomb, vous vous arrangez de façon que votre hameçon (n° 4 ou 5) se trouve à quelques centimètres du fond. Ces préparatifs faits, vous piquez à votre hameçon un petit morceau de cervelle de mouton, et vous le descendez doucement dans l'eau : au premier mouvement du bouchon, vous ferrez plus ou moins fort, suivant la profondeur de la rivière, et vous arrivez de cette façon à faire une très-belle pêche. On doit éviter de faire le moindre bruit.

L'amorce se fait avec des excréments humains, on en facilite le délayage en les mêlant à l'aide d'une spatule en bois ou en fer, avec de la terre de taupe et un peu d'eau.

En quatre leçons, je me charge de démontrer ce genre de pêche aux personnes les plus incrédules.

Brême.

La brême se pêche comme la carpe et la tanche, avec des petits vers rouges de rosée, des queues d'écrevisses et des fèves cuites.

On se sert d'hameçons nos 4 ou 5.

Écrevisse.

L'écrevisse se pêche avec des balances sur lesquelles on a mis une ou deux grenouilles dépouillées. On lève les balances tous les quarts-d'heure.

Second moyen. Prenez 3 ou 4 petites baguettes à l'extrémité desquelles vous mettez un morceau de poisson ou de viande fraîche et placez-les sur le passage des écrevisses. Quand une baguette remuera, suivez la baguette avec la main, si l'écrevisse se retire, laissez votre main dans l'eau, l'écrevisse reviendra, vous touchera sans vous faire de mal, vous n'aurez plus qu'à la saisir par la patte, sans la tirer trop fort de crainte de la casser.

Troisième moyen. Si vous craignez d'être pincé en retirant l'écrevisse, prenez une baguette de frêne longue d'un mètre environ, fendez le bout en deux parties égales, aiguisez les pointes et mettez entre les deux bouts fendus un petit morceau de bois ou de roseau pour les écarter en forme d'A. Il ne vous reste plus qu'à plonger votre baguette dans l'eau et à saisir l'écrevisse entre le corselet et la queue.

www.ingramcontent.com/pod-product-compliance
Lightning Source LLC
Chambersburg PA
CBHW070458080426
42451CB00025B/2795